LOVE
THAT
DOG

LOVE THAT DOG by Sharon Creech

Copyright ⓒ 2001 by Sharon Creech.
All rights reserved.
Korean translation copyright ⓒ 2002 by Seung San Publishers

This Korean edition is published by arrangement with
Sharon Creech c/o Writers House, Inc., New York
through Korea Copyright Center, Seoul.

이 책의 한국어판 저작권은 한국저작권센터를 통한
저작권자와의 독점 계약으로 도서출판 승산에 있습니다.
저작권법에 의해 한국 내에서 보호를 받는 저작물이므로 무단 전재와 복제를 금합니다.

이 도서의 국립중앙도서관 출판시도서목록 (CIP)은 e-CIP 홈페이지 (http://www.nl.go.kr/cip.php)에서 이용하실 수 있습니다. (CIP제어번호 : CIP200703236)

LOVE THAT DOG

1판 1쇄 펴냄 | 2002년 11월 1일
2판 1쇄 펴냄 | 2007년 10월 19일

지은이 | 샤론 크리치
옮긴이 | 신현림
펴낸이 | 황승기
편집 | 정윤희, 김윤주
마케팅 | 송선경
펴낸곳 | 도서출판 승산
등록날짜 | 1998. 4. 2
주소 | 서울특별시 강남구 역삼동 723번지 혜성빌딩 402호
전화번호 | 02-568-6111
팩시밀리 | 02-568-6118
이메일 | books@seungsan.com
웹사이트 | www.seungsan.com

ISBN 978-89-88907-40-5 03480

- 도서출판 승산은 좋은 책을 만들기 위해 언제나 독자의 소리에 귀를 기울이고 있습니다.
- 승산 북카페는 온라인 독서토론을 위한 공간입니다.
  '이 책의 포럼 lovedog.seungsan.com'으로 오시면 이 책에 대해 자유롭게 이야기 나눌 수 있습니다.

SHARON CREECH

LOVE
THAT
DOG

샤론 크리치 *Sharon Creech* 지음 | 신현림 옮김

승산

옮기고 나서

인생에서 어느 순간 자신을 사로잡는 만남이 있다.
나에게도 그런 만남이 있었다.
아마 여고 1학년 초가을 무렵이었을 것이다.
참 느리게 시간이 흐르던 오후. 내 눈에 가득 담겨 온
자끄 프레베르의 짧은 시 한 편이 있었다.

> 어둠 속에 하나씩 불붙이는 세 개비 성냥
> 첫 개비는 너의 얼굴 모두 보려고
> 두째 개비는 너의 두 눈을 보려고
> 그리고 송두리째 어둠은
> 너를 내 품에 안고 그 모두를 기억하려고

시가 뭔지 몰랐으나, 이렇게 짧은 글을 통해 사랑의
따스함이 뭔가 말해 준다는 사실에 적잖이 놀랐다.
실제 성냥에 불붙여 흉내도 내 보며 저절로 외워지
던 시. 그것은 아이스크림보다 달콤했고 눈 내리는
풍경보다 느낌이 좋았다. 그때부터 시를 좋아했던
것 같다.

입시에 시달리던 학창시절. 소설은 너무 길어 늘 보다 자던 일밖에 없었으나, 시만큼은 신비롭게 다가왔다. 아마 그것이 나를 시인으로 이끈 첫 만남이었을지 모른다.

이 책도 내겐 아주 귀한 만남이다. 『Love That Dog』는 훌륭한 선생님과의 만남, 시와 시인과의 만남이 성장 과정에 얼마나 큰 도움을 주고 미묘한 감정적 성장을 가져오는지 깊은 깨달음을 준다.

주인공 잭은 일생에서 가장 예민하고 중요한 자아 형성 과정인 청소년기에 스트렛치베리란 훌륭한 선생님을 만나 시를 배우고 시의 매혹을 알아간다.

그리하여 직접 시를 쓰면서 상처를 치유하게 되는데, 그 과정을 아주 근사하게 보여 준다. 사랑하던 개의 죽음에 대한 잭의 깊은 슬픔을 승화시키는 과정을 보며 많은 이들은 마치 자신의 일처럼 친근하게 느낄 것이다.

시를 쓰는 것이 무척 어렵다고 말하는 사람들을 많이 보았다. 이 책의 주인공인 잭도 마찬가지로 시 쓰기를 싫어하는 소년이었다. 그러나 선생님이 얼마나 조심성 있게 그가 모을 수 있고 모방할 수 있는 시들로 인도했으며, 얼마나 인내심 있게 잭이 자신의 작품에 자신감을 갖게 했는지, 진정 훌륭한 스승상이 어떠한지를 보여 주고 있다.

잭의 마음을 움직인 시들. 즉 윌리엄 블레이크, 로버트 프로스트 등을 통해 작가 크리치는 동전의 양면처럼 고통과 기쁨이 함께 하는 삶의 진실을 보여 준다. 아주 쉽고, 매혹적으로 와 닿는 이 책은 작지만 큰 선물이다. 부모님과 선생님 그리고 청소년들과 아이들에 의해 폭넓게 토론되고, 저마다 감정적 성장을 깨달을 수 있는 좋은 기회가 되었으면 한다.

개를 사랑하는

모든 분들과

특히 월터 딘 마이어스 씨

그리고 이 책에 실린 모든 시와

매일 매일 학생들에게 영감을 불어넣는

(세상의) 모든 스트렛치베리 선생님

감사합니다

잭
스트렛치베리 선생님 – 105호

9월 13일

시 쓰기 싫어요
시는
여자애들이나 쓰지
남자애들은 안 쓰거든요

9월 21일

시 써 봤어요
근데
잘 안 돼요
머리가 텅 비었나봐요

9월 27일

빨간 외바퀴 손수레

_윌리엄 칼로스 윌리엄스

빨간 외바퀴
손수레에

많은 게
의지해 산다

빗물에 젖어
빛나는데

그 곁에
흰 병아리들이 있다

난 이 시를 이해할 수 없어요
왜 많은 게
빨간 손수레에 의지해 사는지

빨간 외바퀴 손수레와
흰 병아리에 대해 쓴 것도
시라면
어떤 글도
시가 될 거야
단지
짧게만 쓰면 되니까

10월 4일

제가 쓴 시를
큰 소리로 안 읽겠다고 약속할래요?
게시판에 안 붙이겠다고 약속할래요?

시가 맘에 안 들지만
좋아요 여기 있어요

    그렇게도 많은 것들이
    진창길을
    무섭게 달리는
    파란 차에
    의지하고 있어

10월 10일

왜 그렇게도 많은 것들이
파란 차에
의지하고 있냐구요?

전에는 왜인지 말해야 한다고
안 그랬는데

외바퀴 손수레 아저씨도
왜인지 말하지 않았는데

10월 17일

눈 오는 저녁 숲에 서서

_로버트 프로스트

이게 누구네 숲인지 알 것 같아
그 사람 집은 마을에 있지
그는 모를거야 내가 여기 서서
자기 숲에 눈 쌓인 모습을 지켜보는 걸

내 조랑말은 이상하게 생각할거야
숲과 얼어붙은 호수 사이에
농가는 가까이 있지도 않은데
일 년 중 가장 어두운 저녁
길 위에 멈춰 선 것을

말은 방울을 흔들어 대지
뭐가 잘못된 게 있냐고
단지
바람을 스치며 눈은 부드럽게 내릴 뿐인데

숲은 깊고 아름다워
하지만 난 지킬 약속이 있고
잠들기 전에 갈 먼 길이 있어
잠들기 전에 갈 먼 길이 있지

오늘 읽어 주신
눈 덮인 산의 시는
뭐죠?

잠들기 전에
갈 먼 길이 있다면서
이 시인은
왜 계속 안 가죠?

도로를 무섭게 달리는
진흙투성이 파란 차에 대해
왜 더 얘기해야 되죠?

서둘러 먼 길을 가는
파란 차에 대해
쓰기 싫어요

10월 24일

호랑이
_윌리엄 블레이크

호랑이야 호랑이야 한밤 숲에서
이글이글 불타는 호랑이야
어떤 굉장한 손이
너의 무서운 몸집을 만들었니?

미안해요
시 읊는 소리가
아주 기분 좋게 들리지만
불타는 호랑이 시는
정말 모르겠어요

여기 호랑이 소리를 내는
파란 차가 있어요

파란 차야 파란 차야
깊은 어둠 속에서 빛나는 파란 차야
나는 널 볼 수 있단다
밤하늘 혜성처럼 스쳐 가는 널
누가 볼 수 있겠니?

나는 널 볼 수 있단다
파란 차야 파란 차야
환히 빛나는 파란 차야
나는 너를 볼 수 있단다
밤하늘 혜성처럼 스쳐 가는 너를

계속 호랑이 소리가
귓가에 울려요
마치 북이 쿵-쿵-쿵 울리듯이요

10월 31일

그래요
제가 쓴
두 개의 파란 차 시를
게시판에
올리셔도 돼요
단
제 이름을
쓰진 마세요

11월 6일

파란색 종이에
깔끔하게 쳐서
노란색 게시판에 붙이니
정말 짱이에요

(하지만 누가 썼는지
아무에게도 말하시면 안 돼요. 네?)

('익명'이란
단어는 무슨 뜻이죠?
좋은 건가요?)

11월 9일

전 애완동물이 없어요
그래서 애완동물에 대한 글을 쓸 수 없어요
시는 더 쓸 수가 없다니까요

11월 15일

그래요. 전에는 애완동물이 있었죠
지금은 그것에 대해 쓰고 싶지 않아요

왜냐고 물을 거죠?
맞죠?

11월 22일

애완동물이 있다 치고 써 보라구요?

그러면 좀 색다른 건

안 되나요?

호랑이 같은?

아니면 햄스터?

금붕어?

거북이?

달팽이?

벌레?

벼룩?

11월 29일

개

_발레리 라르보

단풍나무 아래
개가 엎드려 있어
부드러운 혀를
늘어뜨린 채
하품하지
앞발 사이에 조심스레
무거운 턱을 받치고
올려다보면서
날아가는 파리를
노려보지
눈을 껌벅거리고
옆으로 구르며
한숨을 쉬고
눈을 감더니
오후 내내 잔다
복실복실한 몸을 웅크리고서

전 오늘 읽은
짧은 시들이
좋아요

시가 짧아서
한순간에 시 전체를
읽으면
머릿속에
모든 그림이 그려지니까요

고양이 시에서
새끼 고양이가 뛰는 모습이 좋았어요
그리고 말의 시에서
말의 긴 머리도 볼 수 있어
좋았어요

특히
개의 시에서 그 개가 좋았어요
제가 기른 노란 개도
바닥에 눕곤 했죠
부드러운 혀와
턱을
발 사이에 두고
파리를 잡기도 하고
복실복실한 몸을 웅크리고
푸근히 잠들었어요
발레리 워스가
^{짧은} 개의 시에서
노래한 것처럼요

12월 4일

왜 제가 개에 대해
쓴 이야기를
타이핑하려는 거죠?

그건 시가 아녜요
그쵸?

다른 사람이
시가 아니라 생각하면
제 이름은 빼고
게시판에 올리세요

$12_월$ $13_일$

그렇게 타이핑된 게
선생님은
시처럼 보일 거예요

하지만 제가
처음에 쓴 것처럼
글줄 사이에
더 많은 여백이 있었다면
근사했을걸요

그리고 선생님이
그 옆에다 놓은
노란 개 사진은 참 좋네요

하지만
제 노란 개랑
안 닮았어요

1월 10일

목장

_로버트 프로스트

목장의 샘물을 깨끗이 하러 갈 거야
그저 물 위의 나뭇잎을 걷어 낼 거야
(물이 맑아지는 걸 지켜볼지도 몰라)
오래 걸리지 않을 테니 - 같이 갈래

어린 송아지를 데리러 갈 거야
어린 송아지를 데리러 갈 거야
어미 소 옆에 있는 그 녀석이 너무 어리거든
어미 소가 혀로 핥으면 비틀거린단다
오래 걸리지 않을 테니 - 같이 갈래

오늘 읽어 준
'목장' 시는
정말 정말 정말
모 르 겠 어 요

그냥 느낀 대로 말하면
누군가가 목장으로
가려고 해요
샘물을 깨끗이 하고
비틀거리는
어린 송아지를 데리러
거기 잠시 가려는데
당신과 함께 가기를 원한대요
(당신이 누구죠?)

진짜가요?
로버트 프로스트 씨에
대해 말했잖아요
'목장' 시를 쓴 분과
'눈덮인 숲과 잠들기 전에 갈 먼 길'(을) 쓴
분이 같은 사람이라구요?
과연!!

제가 보기엔 로버트 프로스트 씨가
시간이
좀……
많은 분 같네요

1월 17일

선생님이
첫째 주에
읽어 주신
빨간 외바퀴 손수레 시 기억나세요?

그 시를 쓴 시인은
그냥 단어를 나열한 건데

아마도 그 시인의 선생님이
깔끔히 타이핑 한 걸
사람들이
시라고 여겼을 거야

타이핑해 놓으면
시처럼 보이거든요

그런 일이
로버트 프로스트 씨에게도 일어났겠죠
그분은 단지
눈 덮인 숲이나
목장에 대해
단어를 나열한 건데

프로스트 씨의 담임 선생님이
깨끗이 타이핑한 게
시처럼 보이니까
사람들은 시라고
했을 거야

파란 차나
짧은 시를 읽고 제가 쓴 걸
선생님이 타이핑해 준 것처럼요
타이핑한 걸

게시판에 걸면
시같이 보이거든요

애들은
그걸 보고
'이건 정말로 시야' 라고 말하죠
그리고
모두 감탄하죠
' 누 가   저 걸   썼 을 까 ? ' 라고

1월 24일

우리는 드라이브 가려고 했어요
아빠가
"오래 걸리지 않을 테니
같이 갈래?" 해서 같이 갔죠
빨간 벽돌 건물 앞까지
계속 차를 타고 가는데
      '동물보호시설'이란
파란 글씨로 쓴
표지판을 봤어요

그래서 그 건물 안
긴 시멘트 길을 따라
내려갔죠
가지각색의
개들을
스쳐 갔어요

큰 놈, 작은 놈
뚱뚱한 놈, 마른 녀석도 있고
그중 몇 마리는
구석으로 숨더군요
대부분
왕왕왕 짖으며
쇠창살을 향해
뛰어올랐어요
마치 이렇게 외치듯이요
"저요! 저요! 저를 고르세요!
제가 최고랍니다!"

우린 거기서
그 노란 개를 봤어요
앞발로 쇠창살을 잡고
길고 붉은 혀를
늘어뜨리고 있더군요

녀석의 크고 새까만 눈은
슬퍼 보였어요
그리고 긴 꼬리를 마구 흔들며
이렇게 말한 것 같았지요
"저예요, 저예요! 절 골라주세요!"

우리는 결국 그 녀석을 골랐죠

차에서
녀석이 자기 머리를
내 가슴에 묻고
발로
내 팔을 감싸 안고
이렇게 말한 것 같았어요
"고마워요, 고마워요, 고마워요"

그 우리 안의
다른 개들은
고르는 사람이 없으면
죽게 된대요

1월 31일

노란 개에 대해 쓴 시를
타이핑해도 되지만
개들의 죽음에 대한 이야긴
빼 주세요
너무 슬프니까요

그리구
거기에
제 이름은
쓰지 마세요

노란 종이에 쓰면
더 멋질 겁니다
제목은
    '너도 같이 가자'
로 해 주세요

2월 7일

노란 종이에 쓰니까

보기 좋네요

근데 제가 쓴 것처럼

글줄 사이에

여백을

남기는 걸

또 잊으셨군요

하지만 근사했어요

2월 15일

거리의 음악
— 아널드 아도프

이 도시:
언제나
땅 밑
지하철에서
올라오는
시끄러운 소음:

모두가
쨍그랑,
번쩍,
끼 긱,
날카로운 금속언어로 뭉친
버스타이어의 끼긱 소리와
택시 경적 소리와
자동차와 트럭의 엔진소리들:

마치 저 멀리
비행기가
　　드럼과 피리의
오케스트라를 향해
으르렁거리는 것처럼
내 귀를 덮치는
　이 도시의
항상 시끄러운 소음 :

거리의 음악

오늘 읽은 시
좋았어요
도시 거리음악에 관한 시요

    도시에서 먼
    우리 동네 거리는
    시끄러운 음악이 없다
    경적소리나 트럭 소리,
    쨍 그 랑
    번   쩍
    끼긱 소리가 없어 고요하지

    도시 변두리인
    동네 거리는
    대 부 분
    조용한 음악이 흘러

은은한   속삭임
고양이 울음소리
휙—휙—소리

우리 동네 거리는 **좁다**
양쪽에 집들이 있고
우리 집은 빨간 문이 달린
하얀 집이야
동네 거리는
시내 중심가와 달리
차들이 많지 않아

우린 잔디밭에서 놀지만
거리에서도 놀아
그럴 땐 항상
어른이나 큰 아이들이
함께 있어야 돼

만약 우리가 노는 거리로
차가 내려오면
사람들이 외친다
"차 온다!"

우 리   거 리 의
양 쪽   끝 에 는
노 란 표 지 판 에
이렇게 쓰여 있어
"조심! 어린이 보호구역"

가끔
도로에서 속력을 내는
차들이 있어요
잠들기 전에 갈
먼 길이 있듯이

사과

_S.C.릭

꼭
지
꼭
지
사과 사과   사과 사과
사과 얌 사과 얌 사과 얌 사과 얌
사과즙 사과즙 사과즙 사과즙 사과즙
아삭 아삭 아삭 아삭 아삭 아삭 아삭 아삭
빨강 노랑 초록 빨강 노랑 초록 빨강 노랑 초록
사과 사과 사과 사과 사과 사과 사과 사과
사과 사과 사과 사과 사과 사과 사과 사과 사과 사과
사과 사과 사과 사과 사과 사과 사과 사과 사과 사과
얌 맛있어 얌 맛있어 얌 맛있어 얌 맛있어 얌 맛있어 얌
얌얌 얌얌 얌얌 얌얌 얌얌 얌얌 얌얌 얌얌 얌얌 얌얌 얌얌
얌얌 얌얌 얌얌 얌얌 얌얌 벌레먹음 **벌레** 우웩 우웩 얌얌 얌
얌얌 얌얌 얌얌 얌얌 얌얌 얌얌 벌레먹음 **벌레** 우웩 우웩 얌얌 얌얌
얌얌 얌얌 얌얌 얌얌 얌얌 얌얌 얌얌 얌얌 얌얌 얌얌 얌얌 얌얌
얌얌 얌얌 얌얌 얌얌 얌얌 얌얌 얌얌 얌얌 얌얌 얌얌 얌얌 얌
얌얌 얌얌 얌얌 얌얌 얌얌 얌얌 얌얌 얌얌 얌얌 얌얌 얌얌 얌
얌 맛있어 얌 맛있어 얌 맛있어 얌 맛있어 얌 맛있어 얌
사과 사과 사과 사과 사과 사과 사과 사과
사과 사과 사과 사과 사과 사과 사과 사과
사과 사과 사과 사과 사과 사과 사과
빨강노랑 초록 빨강노랑 초록 빨강노랑초록
아삭 아삭 아삭 아삭 아삭 아삭 아삭
사과즙 사과즙 사과즙 사과즙
사과 사과

2월 21일

선생님이 보여 준 시들은
정말 굉장했어요
시의
단어들로
시의 모양을
만든 거요
사과처럼 생긴
사과에 대한 시가 그랬고요
집처럼 생긴
집에 대한 시가 그랬고요

그 시들을 보고
제 머리는 확 깨었어요
시인이 그렇게 재미있는 일을
할 줄은
전혀 몰랐거든요

2월 26일

저도 그런 시를
만들어 봤어요

나의 노란 개

_잭

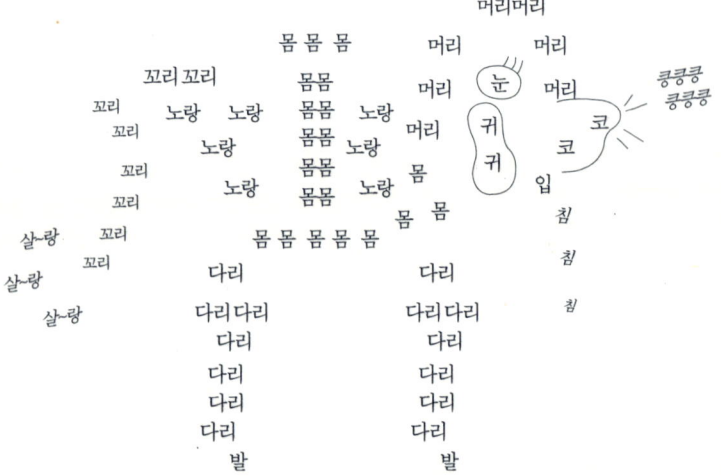

3월 1일

예 그래요
개처럼 보이는
노란 개의 시
타이핑하셔도 돼요
이번엔 꼭
빈 칸을 남겨두세요
정확히 똑같이요
아마
노란 종이에 쓰면
정말정말 좋아보일걸요
선생님이 쓰고 싶으면
제 이름을 쓰셔도 돼요
제 시가
괜찮다면요

3월 7일

약간 당황했어요
사람들이 저한테
이런 얘길 하더라구요
"멋진 시였어 잭"
"어떻게 그런 생각을 했니?"

선생님이 보여 준
나무처럼 생긴
나무에 대한 시
참 좋았어요
어설픈 가짜 나무가 아니라
나뭇가지가 멋들어진
진짜 나무 같더라구요

누군지 알고 싶네요
그 시를 쓴
우리 반

익명의 시인이 누구죠?
그 친구는
왜 자기 이름을 쓰질 않나요?
제 시들을
시 같지 않다 여긴 것처럼
그런 건가요?

선생님은
익명의 나무 시인에게
이렇게 얘기했겠죠
그 애의 나무 시도 역시
시라구요
정말 정말 좋은 시라구

3월 14일

그 소년을 사랑한다

_월터 딘 마이어스

그 소년을 사랑한다
토끼가 뛰는 것을 사랑하는 것처럼
그 소년을 사랑한다고 말했다
토끼가 뛰는 것을 사랑하는 것처럼
아침에 그 소년을 사랑스럽게 부른다
"어이, 우리 아들!"

어제 읽어 주신
월터 딘 마이어스 씨의 시는
　　최고였어요
지금까지 **최고**였어요

물어보지 않고
책을 집에 가져가서 죄송해요
그중 한 장은
가지고 있어요
그 페이지가
찢어졌거든요
그 부분을
붙이려고 노력했어요

그 **최고**의 시를 베껴서
제 침실 벽에 붙였어요
침대 맞은편에

누워서도 볼 수 있게요

선생님도
그거 복사해서
교실 벽에 붙이세요

우리가 책상에 앉아
잡담할 때도
모두 볼 수 있게요

전 월터 딘 마이어스 씨의
'그 소년을 사랑한다'
이 시가 정말 좋아요
좋아하는 이유는
두 가지예요
하나는 아빠가

아침에 절 부를 때
이렇게
부르거든요
　　　"어이, 우리 아들!"

또 하나는
제가 노란 개를
데리고 있었을 때

그 개를
이렇게 불렀어요
　　　"어이, 우리 스카이!"

(그 녀석 이름이 스카이였어요)

3월 22일

제 노란 개는
어딜 가나 절 따라다녔어요
꼬리를 흔들면서
날 향해 웃을 땐
항상
침을 질질 흘렸죠
마치 이렇게
속삭이듯이요
"고 마 워 요   고 마 워 요
　날 골 라 줘 서   고 마 워 요"
그러곤
털북숭이 발로
껴안을 듯이
내 품으로 뛰어들었죠

공놀이할 땐
공을 쫓아다니며

코로 공을 밀었어요
그러고 나면
공에 침이 잔뜩 묻지만
아무도 뭐라 하지 않았어요
스카이는
무척
재미있는 개였거든요
헝클어진 털의
미소 짓는 개
스카이는요

전 매일 아침
매일 저녁
그 녀석을 불렀죠
"어이, 우리 스카이!"

3월 27일

그 개를 사랑한다
(월터 딘 마이어스에게 영감을 받음)
_잭

그 개를 사랑한다
새가 하늘을 나는 것을 사랑하듯이
난 그 개를 사랑한다
새가 하늘을 나는 것을 사랑하듯이
아침에 그 개를 사랑스럽게 부른다
그 개를 사랑스럽게 부른다
"어이, 우리 스카이!"

제가

스카이에 대해 쓴 글

타이핑하셔도 돼요

하지만

타이핑하시면 안 되는 게 있어요

제가 썼다는 사실이요

봉투에 넣어

테이프로 붙였는데요

월터 딘 마이어스 씨 시랑

너무 비슷해서

월터 딘 마이어스 씨가

그걸 보면

화를 내실 거예요

4월 4일

그 얘길 듣고
무척 기뻤어요
월터 딘 마이어스 씨가
그것 땜에
화낼 분이 아니란 얘기요

그리고 감사해요
제 비밀시를
타이핑하신 거요
월터 딘 마이어스 씨의
단어를 많이 사용한
그 시
거기 맨 위에
선생님이 쓰신
*"월터 딘 마이어스에게 영감을 받음"*이란
구절이 맘에 들어요

멋지게 들리네요
이제 아무도
단순히 베낀 거라고
생각하지 않을 거예요
제가
월터 딘 마이어스 씨에게
영감을 받았다는 사실을
알 거예요

아직
게시판에 그 시 올리면 안 돼요

월터 딘 마이어스 씨는
살아 … 계신가요?
살아 계신다면
우리 도시

우리 학교
우리 반에
오실 수 있나요?

오신다면
그분의 단어로 된
제 시를 숨겨야 해요
그 시로 *화가 나시면*

안 돼요

4월 9일

절대 절대 안 돼요

전 못 해요

선생님이 하세요
선생님이시잖아요

4월 12일

월터 딘 마이어스 씨가
자기 시를 좋아하는 소년
얘기를 듣고 마음에 들어할 거라
생각하지 않아요

월터 딘 마이어스 씨는
어려운 말을 잘 사용하고
철자도 잘 알고
타이핑도 잘하는 선생님을
좋아할걸요

4월 17일

월터 딘 마이어스 씨께

저에 대해 알고 싶지 않을 거예요
전 단지 어린애고
선생님이 아니니까요
아저씨는 이걸 안 읽거나
읽어도 너무 바빠
답장을 못하실 거예요
제가 물어본 것,
알고 싶은 것 놔두세요
선생님이 그러셨어요
작가들은 글을 쓰느라
너무 바쁘다구요
전화가 울리고
팩스가 오고
지불할 청구서들이 밀려들거나

가끔은 아프고
(전 아저씨가 아프지 않길 빌어요)
아니면 가족이 아프거나
정전이 되고
차가 고장나고
야채가게에 가고
세탁소에 가거나
설거지를 해야 한다고요
전 아저씨가 그런 잡다한 일까지
모두 해야 한다면
글 쓰는 시간을
어떻게 내는지 모르겠네요
아마도 조수가
있어야 할걸요

만일
시간이 생기면

저희 학교에
오실 수 있나요?
아저씨의 시를 좋아하는
아이들이 많거든요.

여기는 좋은 사람들이 모여 사는
산뜻한 곳이에요
아마 저희 스트렛치베리 선생님이
아저씨를 위해
브라우니(땅콩이 든 초콜릿 쿠키)를
만들어 주실 겁니다
가끔 저희한테
만들어 주시거든요

아저씨를 오랫동안
방해한 게 아니길 빌어요

글도 쓰고
차도 고치고
야채 가게도 가고
잡다한 일을 (다) 하셔야 하는데
이 편지를 읽느라
15분은 쓰셨을 텐데

그 시간이면
새로운 시 한 편을 썼거나
최소한 쓰기 시작했을 텐데
시간을 뺏은 것
미안해요
그리고
저희 학교에
못 오셔도 이해할게요

친근한 모습일 거라는 데
친구들과 내기를 걸었지만요

제 이름은 잭이에요

안녕히 계세요

월터 딘 마이어스 씨

4월 20일

제 편지 보내셨어요?
그분이 아직 답장 안 하셨나요?

# 4월 24일

몇   달 이 요 ? ? ?
월터 딘 마이어스 씨가
제 편지에 답장하려면
몇 달이나 걸린다구요?

선생님이 설명해 줄 때까지
정말 몰랐어요
제 편지가
월터 딘 마이어스 씨한테 가기 전에
그분 시집이 나온 출판사에서
먼저 편지들을
분류한다는 걸요
제 편지뿐 아니라
수백 명의 작가에게서 온
수만 통의 편지,
엄청나게 많은 편지 중

누군가가 골라서
월터 딘 마이어스 씨에게 드린다는 걸요
그분이 외출하거나
휴가 중일 수도 있고
아플 수도 있고
시를 쓰느라
방에 틀어박힐 수도 있고
손주들을
돌볼 수도 있고
(만약에 결혼했다면요)
치과에 가고
차를 고치거나
누군가가 죽을 수도 있다고요
(전 정말
누구든 안 죽었으면 좋겠어요)

그분이 제게
답장하는 데
수년이 걸린다면
차라리
그걸 잊고 사는 게 낫겠네요
그날들을 세지 않고
잊어버리는 게
낫다고요

4월 26일

가끔

생각 안 하려고 애써도

뭔가 계속 떠오르죠

어쩔 수가 없어

그것에 대해

생각하고

생각하고

뇌가

찌그러진 완두콩처럼

느껴질 때까지 생각하죠

5월 2일

(예) 그래요
어떤 것에 대해
생각 안 하려고
노력한 글을
타이핑하셔도 돼요
그 글은
머릿속에서
그냥 나온 단어들이니까
제 이름을 빼는 게 나아요
그때
전 무슨 단어가
떠오르는지
별로 신경쓰지
않았거든요

5월 7일

컴퓨터 사용하는 법을
가르쳐 주실 수 있죠?
그러면
제 글을
타이핑할 수 있겠죠

5월 8일

몰랐어요
컴퓨터에
맞춤법 검사 기능이 있다는 걸

거기에 작은 두뇌가 있는 게
기적 같아요
작은 도우미 두뇌가요

타자가 느려요
컴퓨터에 타자 연습 기능도
있다는 걸 말씀하셨나요?
그 기능이
타 - 타 - 타 - 타 - 탁
더 잘
더 빨리
타이핑하게
도와줄까요?

손가락이

제 머리만큼

빨리 움직이게요

5월 14일

(제가 직접 타이핑 한 거에요)

나의 스카이

우리는 거리
바깥쪽에 있었지
나와 친구들이
저녁 먹기 전에
공을 차고 있었어
스카이는
발이 가는
곳마다
쫓아다녔지
(계속해서 쫓아다녔어)
꼬리를 살랑거리고
입에선
군침이 줄줄 흘러내렸어

어디서나

미소짓고 꼬리치고

침 흘리고

우리를 기쁘게 해 줬지

아빠가

걸어오고 계셨어

아빠는 거리 끝에서

내려오는 길이었어

아빠는 계속 걸어오셨지

아빠가 손 흔드시는 걸 보았어

아빠가 이렇게 외치셨지

"어이, 우리 아들!"

그런데 난

그 차를 보지 못했어

다른 길에서 오고 있던 그 차를 …

한 친구가

"차 온다!"하고

소리칠 때까지.

도로를 무섭게 달리는
진흙투성이 파란 차,
파란 차를 보았어
그리고 스카이가
녀석의 꼬리를
계속 흔들며
공을 뒤쫓는 걸 보았어
난 녀석에게 외쳤지
"스카이! 스카이!"

공을 뒤쫓는 걸 보았어
난 녀석에게 외쳤지
"스카이! 스카이!"
녀석이 고개를 돌렸어
하지만 그 땐 너무 늦었지
그 파란 차가
진흙투성이 파란 차가
스카이를 치어버렸다

쿵 쿵 쿵

그렇게 짧은 순간에

그렇게 빨리

그렇게 많은 길을 갔어

멈출 수가 없었지

스카이는 길게 늘어진 채

도로에 누웠지

녀석의 다리는 이상하게 굽었고

옆구리는 들어 올려 있었어

녀석이 날 올려다보았어

난 외쳤지

"스카이! 스카이! 스카이!"

거기에 있던 아빠가,

스카이를 들고

도로 밖 잔디에 누였지

그리고

스카이는

눈을 감았어

그리고

눈을

뜨지

않았어

다시는 …

5월 15일

전 몰라요

만약 게시판에 그걸 올리면
사람들이 읽겠죠
다들 슬퍼할 거예요

5월 17일

좋아요
거기에 제 이름을 쓸게요

하지만 그 시 땜에 사람들이
슬프지 않았으면 해요
슬퍼지면
선생님이 모두를 위로할
뭔가를 생각하셔야 해요
선생님이 만드시는
초콜릿 브라우니 같은 걸로요
꽤 좋죠?

5월 21일

우와!
우와 우와 우와 우와 우와!

그건 정말 지금까지
최 고 의
소식이에요
믿을 수가 없어요

월터 딘 마이어스 씨가
정말
저희 학교에
오시나요?

자기 옛날 친구를 보기 위해
우리 도시에
오신다구요?

그분이
우리 학교를
방문해서
자기 시를 좋아하는
멋진 꼬마들과
만나게 되어 영광이랬다고요?

그분 옛날 친구가
우리 마을에 사신다니
우린 분명 행운아들이에요

우와!

5월 28일

게시판이
모든 사람의 시들로
꽃피운 것 같아요
노랑, 파랑, 분홍, 빨강, 초록색
종이로 가득하네요

그리고 책장에
책들이 싹튼 것 같네요
월터 딘 마이어스 씨가 쓴
그 책들 모두가
한 줄로 서서
우리를 바라보네요
우리 학교
(바로) 우리 교실에
오실 월터 딘 마이어스 씨를
기다리면서
우와!

5월 29일

기다릴 수가 없어요
잠잘 수도 없어요

제가 쓴 시 숨긴 거
확실한가요?
월터 딘 마이어스 씨에게
영감을 받아서 쓴 시요

마이어스 씨의 기분을 망칠
그 어떤 것도
하고 싶지 않아요

6월 1일

월터

      딘

            마이어스 씨의

                      날

내 생애에
    결코
월터 딘 마이어스 씨처럼
이야기하는 사람을
    여태 보지 못했어

내 혈관의
모든 피가
부글부글 끓었고

내 머리
모든 생각들은
윙윙거렸고
월터 딘 마이어스 씨가
우리 학교에
영원히 계시기를
원했어

6월 6일

월터 딘 마이어스 씨에게

천 번 만 번
감사드려요
일과
가족과
해야 할 일을
제쳐 놓고
우리 학교
우리 반
우리를
방문해 주신 걸요

이번 방문이 즐거우셨나요
제 생각엔 그랬을 것 같아요
어디서나
빙긋이

미소 지으셨으니까요
자신의 시를 읽으실 땐
정말 최고의
목소리를 가지셨더군요
깊고 그윽하고, 정답고 따스했어요
마치 목소리가 다가와
우리 모두를
꼭 껴안는 듯했어요
웃으실 땐
제 생애에서
이제껏 들어 본
　　최고의 웃음이었어요
마치 깊은 곳에서 나와
거품을 일으키고
굽이치고 몸부림치며 뒹굴면서
공중으로 올라가는 줄 알았어요

저희가 너무 많은 질문을 한 게
아니길 바라요
하나하나 다 대답해 주셔서
감사해요
특히 누군가가 자신의 단어를
사용할 때
'월터 딘 마이어스에게 영감을 받음'이란
기록을 덧붙이면
자랑스러울 거라
말해 주신 점 감사해요

게시판의
시 전체를
다 읽으신 건 멋졌어요
그중에 하나
도로에서 죽은
스카이에 대한 글을 읽고

너무 슬프지 않길
빌어요
브라우니도 맛있었죠?

저희를 보러 와 주셔서
감사합니다
월터 딘 마이어스 씨

봉투 안에
시 한 편을 넣었어요
아저씨의 단어를 사용한 시인데
제가 쓴 거예요
이 시는
월터 딘 마이어스 아저씨에게
영감을 받은 시예요

당신의 일등팬 **잭**으로부터

스트렛치베리 선생님이 인용한 시

빨간 외바퀴 손수레

_윌리엄 칼로스 윌리엄스

빨간 외바퀴
손수레에

많은 게
의지해 산다

빗물에 젖어
빛나는데

그 곁에
흰 병아리들이 있다

윌리엄 칼로스 윌리엄스(1883~1963)
뉴저지 주 러더퍼드에서 태어나 펜실베이니아 의과 대학교에서 공부하며 첫 시집 『시편 POME』을 냈다. 그 후 소설과 희곡도 썼으며 뉴저지 주의 패터슨 시를 주제로 쓴 5권의 시집이 미국 시문학사에 큰 업적으로 남아 있다. 그는 시는 그 자체를 표현해야 한다고 생각했다. 1963년에 퓰리처상을 받고 얼마 후에 세상을 떠났다.

눈 오는 저녁 숲에 서서

_로버트 프로스트

이게 누구네 숲인지 알 것 같아
그 사람 집은 마을에 있지
그는 모를 거야 내가 여기 서서
자기 숲에 눈 쌓인 모습을 지켜보는 걸

내 조랑말은 이상하게 생각할거야
숲과 얼어붙은 호수 사이에
농가는 가까이 있지도 않은데
일 년 중 가장 어두운 저녁
길 위에 멈춰 선 것을

말은 방울을 흔들어 대지
뭐가 잘못된 게 있냐고
단지
바람을 스치며 눈은 부드럽게 내릴 뿐인데

숲은 깊고 아름다워
하지만 난 지킬 약속이 있고
잠들기 전에 갈 먼 길이 있어
잠들기 전에 갈 먼 길이 있지

로버트 프로스트(1875~1963)
소년기 때 뉴잉글랜드에서 농경 생활을 경험한 프로스트는 그때의 경험을 살려 소박한 농민과 자연을 노래함으로써 현대 미국 시인 중에서 가장 순수한 고전적 시인으로 꼽힌다. 대표시로는 '풀베기', '돌담의 수리', '산의 골짜기'가 있으며 대표시집으로는 「소년의 의지」, 「노스톤의 북쪽」이 있다. 1975년에 미국에 돌아와 하버드 교수를 역임했으며 퓰리처상을 4번 수상했다.

호랑이

_윌리엄 블레이크

호랑이야 호랑이야 한밤 숲에서
이글이글 불타는 호랑이야
어떤 굉장한 손이
너의 무서운 몸집을 만들었니?

윌리엄 블레이크(1757~1827)
18세기 영국의 신비주의 시인이며 화가이다. 뛰어난 상상력으로 이전에 볼 수 없었던 감성을 표현해냈다. 시대를 앞선 그는 '결백의 노래'에서 천진난만한 어린이의 눈으로 삶의 아름다움과 기쁨을 노래했지만 이후 '경험의 노래'에서는 현실의 어두운 면을 강조했다. 시집으로는 「아메리카」, 「유럽」 등이 있다. 그의 정신과 시는 지금도 많은 이들에게 영향을 주고 있다.

개

_발레리 워스

단풍나무 아래
개가 엎드려 있어
부드러운 혀를
늘어뜨린 채
하품하지
앞발 사이에 조심스레
무거운 턱을 받치고
올려다보면서
날아가는 파리를
노려보지
눈을 껌벅거리고
옆으로 구르며
한숨을 쉬고
눈을 감더니
오후 내내 잔다
복실복실한 몸을 웅크리고서

발레리 워스(1933~1994)
어린이는 물론 성인을 대상으로 한 수많은 시와 소설을 남긴 작가이다. 1991년에는 미국의 국립국어교사협회에서 어린이를 위한 최고의 시에 수여하는 상을 받기도 했다. 발레리 워스의 시는 우리의 일상 생활 가운데서 볼 수 있는 사물의 여러 가지 모습을 생생하게 묘사한다. 그녀의 작품들은 정교한 운율과 독창적인 은유로 독자들에게 큰 인기를 얻었다.

거리의 음악

_아널드 아도프

이 도 시:
언 제 나
땅 밑
지하철에서
올 라 오 는
시끄러운 소음:

모 두 가
쨍 그 랑,
번 쩍,
끼 긱,
날카로운 금속언어로 뭉친
버스타이어의 끼긱 소리와
택 시 경 적 소 리 와
자동차와 트럭의 엔진소리들:

마치 저 멀리

비 행 기 가

    드럼과 피리의

오케스트라를 향해

으르렁거리는 것처럼

내 귀를 덮치는

  이 도 시 의

항상 시끄러운 소음 :

거 리 의 음 악

아널드 아도프(1935~)
시인이자 인류학자인 그는 지금까지 30여 년간 30권의 청소년용 도서를 펴냈고 미국도서 관협회회상을 포함한 여러 개의 문학상을 받았다. 시로는 '거리의 음악', '느린 춤 눈물겨운 블루스' 등이 있으며, 최신작인 '연애편지'는 어린이도서협회보에서 블루리본상을 받았고, 리버뱅크리뷰에 의해 주목할 만한 어린이 책으로 선전되기도 했다. 1988년에 아널드 아도프는 국립국어교사협회가 가장 우수한 어린이 시에 주는 상을 받았다. 아놀드 아노쓰는 친국의 학교를 순회하며 어린이 독자 및 예비 시인들을 만나 함께 시를 읽고 창작법을 가르치고 있다.

목장

_로버트 프로스트

목장의 샘물을 깨끗이 하러 갈 거야
그저 물 위의 나뭇잎을 걷어 낼 거야
(물이 맑아지는 걸 지켜볼지도 몰라)
오래 걸리지 않을테니 - 같이 갈래

어린 송아지를 데리러 갈 거야
어린 송아지를 데리러 갈 거야
어미 소 옆에 있는 그 녀석이 너무 어리거든
어미 소가 혀로 핥으면 비틀거린단다
오래 걸리지 않을테니 - 같이 갈래

사과

_S.C.릭

꼭
지
꼭
지
사과 사과　　사과 사과
사과 얌 사과 얌 사과 얌 사과 얌
사과즙 사과즙 사과즙 사과즙 사과즙
아삭 아삭 아삭 아삭 아삭 아삭 아삭 아삭
빨강 노랑 초록 빨강 노랑 초록 빨강 노랑 초록
사과 사과 사과 사과　사과 사과 사과 사과
사과 사과 사과 사과　사과 사과 사과 사과 사과
사과 사과 사과 사과　사과 사과 사과 사과 사과 사과
얌 맛있어 얌 맛있어　얌 맛있어 얌 맛있어 얌 맛있어 얌
얌얌 얌얌 얌얌 얌얌 얌얌 얌얌 얌얌 얌얌 얌얌 얌얌
얌얌 얌얌 얌얌 얌얌 얌얌 벌레먹음 **벌레** 우웩 우웩 얌얌 얌
얌얌 얌얌 얌얌 얌얌 얌얌 얌얌 벌레먹음 **벌레** 우웩 우웩 얌얌 얌얌
얌얌 얌얌 얌얌 얌얌 얌얌 얌얌 얌얌 얌얌 얌얌 얌얌 얌얌 얌얌
얌얌 얌얌 얌얌 얌얌 얌얌 얌얌 얌얌 얌얌 얌얌 얌얌 얌얌 얌
얌얌 얌얌 얌얌 얌얌 얌얌 얌얌 얌얌 얌얌 얌얌 얌얌 얌
얌 맛있어 얌 맛있어 얌 맛있어 얌 맛있어 얌 맛있어 얌
사과 사과 사과 사과　사과 사과 사과 사과 사과
사과 사과 사과 사과　사과 사과 사과 사과 사과
사과 사과 사과 사과　사과 사과 사과
빨강 노랑 초록 빨강 노랑 초록 빨강 노랑 초록
아삭 아삭 아삭 아삭 아삭 아삭 아삭
사과즙 사과즙 사과즙 사과즙
사과 사과

그 소년을 사랑한다

_월터 딘 마이어스

그 소년을 사랑한다
토끼가 뛰는 것을 사랑하는 것처럼
그 소년을 사랑한다고 말했다
토끼가 뛰는 것을 사랑하는 것처럼
아침에 그 소년을 사랑스럽게 부른다
"어이, 우리 아들!"

월터 딘 마이어스(1937~)
1937년 웨스트 버지니아에서 태어나서 어린 시절과 청소년기의 대부분을 할렘에서 보냈다. 그는 언어 장애에 시달리면서도 일찍부터 책을 읽었으며 시와 단편 소설을 쓰기도 했다. 1969년에 그의 책 『한낮은 어디로 가버릴까?』로 다인종어린이도서협회의 상을 받으며 월터 딘 마이어스는 본격적으로 저술 활동에 뛰어들어 어린이 및 청소년을 위한 여러 편의 작품을 썼다. 그는 현재 살고 있는 저지 시의 학교에 재입학했으며 1984년에 엠파이어 스테이트 대학에서 학위를 받았다.